Wilhelm Schmid

Liebe

Warum sie so schwierig ist
und wie sie dennoch gelingt

Insel Verlag

© Insel Verlag Berlin 2011
Alle Rechte vorbehalten, insbesondere das der Übersetzung, des
öffentlichen Vortrags, der Verfilmung und Übertragung durch
Rundfunk und Fernsehen, auch einzelner Teile.
Kein Teil des Werkes darf in irgendeiner Form
(durch Fotografie, Mikrofilm oder andere Verfahren)
ohne schriftliche Genehmigung des Verlages reproduziert oder
unter Verwendung elektronischer Systeme
verarbeitet, vervielfältigt oder verbreitet werden.
Druck: CPI – Ebner & Spiegel, Ulm
Umschlaggestaltung: Regina Göllner und Hermann Michels
Printed in Germany
ISBN 978-3-458-17520-9

2 3 4 5 6 – 16 15 14 13 12 11

Inhaltsverzeichnis

Vorwort

»Kann mir mal jemand die Liebe erklären?« Diese Frage lag mir selbst lange auf den Lippen. Aber ich kannte niemanden, dem ich sie hätte stellen können. Mein Problem war, dass irgendwie immer alles schiefging. Dabei wusste ich doch genau, was Liebe ist: Immer nur innige Umarmung, immer gute Gefühle, nie irgendwelche Trübung. Und immer wieder ist das gescheitert, sobald die Verliebtheit vorbei war, nicht zuletzt, weil ich selbst wieder Distanz brauchte und Ärger machte, ohne es eigentlich zu wollen.

Um all das besser zu verstehen, entschloss ich mich, Philosophie zu studieren. Was läge näher, wenn es um die Liebe geht? Sie ist die Liebe zur Weisheit, ihr traute ich zu, ein Phänomen wie die Liebe gründlich und mit größter Umsicht anzugehen. Das Philosophiestudium hielt allerdings trockenere Stoffe bereit, Logik beispielsweise. Das hilft, geordneter denken zu lernen. Für die Liebe bedurfte es aber weiterer Studien, denen ich mich widmete, dreißig Jahre lang, auf theoretischem und selbstverständlich auf praktischem Gebiet, um mehr Klarheit zu gewinnen, wenigstens aus subjektiver Sicht. Daraus geht dieses kleine Buch hervor, dem ein größeres zugrunde liegt.[*]

Zu welchen Schlüssen bin ich gekommen? Dass die Liebe etwas ist, dessen Wahrheit wir nie so recht kennen. Zweifellos ist sie eine Art von Zuwendung und Zuneigung, aber was daraus wird, hängt nicht nur davon ab, wem wir begegnen und was wir erfahren, sondern auch davon, was wir uns unter Liebe vorstellen und demzufolge von ihr erwarten, erhoffen und befürchten. Diese Vorstellung oder *Deutung* ist so wichtig, dass sich sagen lässt: *Liebe ist, was als Liebe gedeutet wird.* Ist das die Wahrheit? Nein, eine Deutung. Je nach Deutung erscheint die Liebe als angenehmes Gefühl oder bittere Enttäuschung, als nüchternes Kalkül

---

[*] Wilhelm Schmid, *Die Liebe neu erfinden. Von der Lebenskunst im Umgang mit Anderen*, Suhrkamp Verlag, Berlin 2010.

oder verrückte Leidenschaft. Wir wollen sie für eine Nacht oder für ein ganzes Leben, rein körperlich oder auch seelisch, geistig, transzendent, mit einem oder mehreren Anderen.

Die jeweilige Deutung wirkt wiederum auf Begegnungen und Erfahrungen zurück: Wenn ich mir vorstelle, dass Liebe reine Harmonie ist, dann erwarte ich genau das von einer Beziehung – Enttäuschung wird die Folge sein. Stelle ich mir hingegen vor, dass Liebe zwar grundsätzlich Harmonie ist, gelegentlich aber Ärger und Streit, dann halten sich die Enttäuschungen in Grenzen. Warum also nicht die Deutung ändern, wenn die Liebe Probleme macht? Und sollte die Deutung richtig erscheinen: Wäre vielleicht etwas an der Art des Liebens zu ändern?

Kaum zwei Menschen deuten auf dieselbe Weise: Das ist ein Indiz dafür, wie viele Facetten die Wahrheit der Liebe in sich birgt. Viele Menschen beharren allerdings darauf, dass ihre Deutung gar keine Deutung ist, sondern eine Beschreibung, wie es wirklich ist. Sie glauben die Wahrheit der Liebe zu kennen und verteidigen sie mit einer Inbrunst, die sonst nur in Diskussionen über Religion üblich ist. In den Augen derer, für die die Liebe selbst zur Religion wird, erscheint sie als »etwas Absolutes«, nichts an ihr kann in Frage gestellt werden. Im Gegenzug legen Andere auch hier Wert auf ihren Atheismus: Für sie steckt »nichts dahinter«, außer vielleicht ein wenig Biochemie. Auch diese gegensätzlichen Deutungen haben in der unfassbaren Wahrheit der Liebe Platz, allerdings mit unterschiedlichen Konsequenzen: Wer auf der Absolutheit der Liebe besteht, kann an der Praxis leicht verzweifeln, die den allzu hohen Ansprüchen nicht genügt. Wer nur eine Illusion am Werk sieht, verschenkt das kreative Potenzial, das einer schönen Illusion eigen sein kann.

Schwierig war die Liebe schon immer, in jeder Zeit jedoch auf eigene Weise. Einst war klar, dass Gefühle keine Rolle spielen *durften*, entscheidend war das nüchterne Kalkül, die materielle Absicherung, der soziale Aufstieg, die üppige Fortpflanzung: Kinder waren Pflicht, möglichst viele. In moderner Zeit ist die Liebe schwierig geworden, weil Gefühle eine große Rolle spielen *müssen*, das Kalkül möglichst keine, an materielle Absicherung und Karriere zu denken, ist unromantisch, und Fortpflanzung ist nicht unbedingt nötig: Kinder sind Kür, eins oder zwei reichen. Was aber ist, wenn die Gefühle aussetzen? Das ist das Problem der *romantischen Liebe*, die auf Gefühle baut, vor allem auf gute Gefühle, ohne Störung und ohne Alltag. Schon die Erfinder der romantischen Liebe machten die Erfahrung, dass die Liebe, die sich allein auf Gefühle verlässt, nicht gut lebbar ist. Ihre Beziehungen sind teilweise schrecklich gescheitert, und an diesem Problem hat sich seither nichts geändert.

Die romantische Deutung der Liebe fiel nicht vom Himmel, sie hat ihre Geschichte: Junge Menschen, die »Frühromantiker«, wehrten sich in westlichen Ländern am Ende des 18. und zu Beginn des 19. Jahrhunderts gegen die Fühllosigkeit der bürgerlichen Liebe in arrangierten Ehen. Fühllosigkeit warfen sie auch der entstehenden modernen Zeit vor, die auf Rationalität, Wissenschaft und Technik baute. Sie befürchteten, nicht ohne Grund, in der Kälte dieser Welt könnte die menschliche Wärme verlorengehen. Mit romantischen Gefühlen, so hofften sie, ließe sich eine Gegenwelt schaffen. Diese Vorstellung hat im Laufe der modernen Zeit immer mehr Anhänger gefunden und gewinnt nun von Neuem an Bedeutung: Je mehr Stress, Ärger und Ungewissheit in der Arbeitswelt erfahren werden, desto mehr soll die heimische Welt eine heile Welt voller Harmonie, Verständnis und Gewissheit sein.

Schwierig ist diese Liebe jedoch, weil ihr der *Alltag* entgegensteht, in dem die Gefühle schwinden. Schwierig ist sie auch, weil die Ichs ihrer Sehnsucht nach inniger Gemeinsamkeit, in der es keine Einsamkeit mehr gibt, oft selbst im Weg stehen: Sie wollen die Liebe als vertraute, verlässliche Bindung, beharren jedoch zugleich auf ihrer *Freiheit* und ihrem eigenen Leben. In anderen Zeiten konnten Menschen von Freiheit bestenfalls träumen, in moderner Zeit aber ist eine Errungenschaft daraus geworden, die Menschen ständig in Unruhe versetzt: Wo bleibe ich, wo bleibt meine Freiheit? Wo werde ich zu sehr eingeengt? Wie kann ich mich davon befreien?

Und schwierig ist die Liebe, weil sie viele *Möglich-*

keiten gewonnen hat, etwa in Gestalt vieler Beziehungen, in denen immer neue Anläufe zur Realisierung von Romantik unternommen werden. Jede Verwirklichung nimmt jedoch Kraft und Zeit in Anspruch und braucht den Verzicht auf andere Möglichkeiten, der schmerzlich sein kann.

Wenn all das dennoch kein Grund zur Verzweiflung ist, dann deswegen, weil Romantik nicht die einzig denkbare Deutung von Liebe ist. Eine andere Deutung, die besser lebbar sein könnte, ist die einer *atmenden Liebe*. Die Liebe erstickt, wenn sie nicht atmen kann. Sie kann nicht atmen, wenn sie immer nur Liebe sein muss, festgelegt auf Liebe in einem bestimmten Sinne, beispielsweise immer gute Gefühle und Leidenschaft, immer kuschelige Nähe zu bieten. Das ist gleichbedeutend damit, immer nur einatmen zu wollen, aber ein Mensch muss auch ausatmen können, ebenso die Liebe.

Atmen kann die Liebe, wenn sie den *Gegensätzen*, die den romantisch Liebenden so große Probleme bereiten, *phasenweise* Raum gibt, um nicht nur die gefühlvolle Romantik und die Nähe zu pflegen, die einfach schön sind, sondern auch die nüchterne

Pragmatik, die sich im Alltag gut bewährt und die Distanz erlaubt, die der Beziehung guttut. Der gelegentliche Rückzug voneinander ist die Voraussetzung dafür, sich nicht ständig miteinander, sondern immer wieder mit dem je eigenen Ich befassen zu können, auf diese Weise neuen Atem zu schöpfen und sich einander wieder zuzuwenden.

Atmen kann die Liebe, wenn die Liebenden sich wechselseitig sehr viele Freiheiten zugestehen, aus freien Stücken aber auf manche verzichten. Und atmen kann sie, wenn die Liebenden nicht nur die Übereinstimmung, sondern auch den Widerstreit ihrer Interessen und Sichtweisen gelten lassen. Die Liebe gelingt besser, wenn sie vor sich selbst gerettet wird, vor ihren eigenen, erstickenden Ansprüchen. Falls es überhaupt noch um Liebe gehen soll.

I.

Warum und wozu überhaupt
noch Liebe?

Anders als in früheren Zeiten können moderne Menschen problemlos alleine leben. Für diese Lebensform spricht, dass sie viel Ärger erspart. Und was spricht für die Liebe? Lange Zeit in der Geschichte war das keine Frage: Liebe war Pflicht, oft sogar ein Zwang auf Lebenszeit. Das sollte Liebe sein? Man nannte es so. Wer hat die Macht, Menschen in einer solchen Verbindung festzuhalten? Die *Religion*, solange Menschen an Gottes Wort glauben, dass sie, was er verbunden hat, nicht trennen sollen. Die *Gesellschaft*, sofern sie diejenigen, die sich dennoch trennen, mit sozialer Ächtung bestraft. Und die *Natur*, die die Menschen seit jeher mithilfe von Hormonen zusammenzwingt, um die Fortpflanzung zu gewährleisten, auch wenn sie gar nicht gewollt ist.

Die Befreiung von all diesen Zwängen wirft die Frage auf: Warum und wozu überhaupt noch Liebe? *Glück* ist die romantische Antwort darauf. Vor allem die leidenschaftlichen Gefühle, denen nicht widerstanden werden kann, sollen Menschen glücklich machen. Es liegt nahe zu sagen: Das ist eine Wahnsinnsidee, auf die in der langen Geschichte der Liebe kaum jemand gekommen ist. Aber einstweilen gibt es keine bessere. Entscheidend ist, was genauer unter Glück verstanden wird.

Jede Liebe ist zunächst angewiesen auf das *Zufallsglück*. Zufälligerweise bin ich in diesem Moment an diesem Ort, zufälligerweise ein Anderer auch, sodass zwischen uns ein Funke überspringen kann. Solche Zufälle können nicht produziert, immerhin jedoch *provoziert* werden. Die Wahrscheinlichkeit, interessanten Menschen zu begegnen, wird deutlich größer, wenn ich Anderen in irgendeiner Form signalisiere, dass ich mich für Begegnungen und Erfahrungen interessiere. Das Internet verdankt seine Anziehungskraft zu einem nicht geringen Teil den vielfältigen Möglichkeiten hierzu. Aufgrund günstiger Zufälle finden sich die Richtigen, aufgrund ungünstiger können sie sich auch verfehlen. Sollte das Zufallsglück tatsächlich günstig ausfallen, heißt das allerdings nicht, dass dies auch so bleibt. Der günstige Zufall verbessert nur die Bedingungen für das Zustandekommen einer Beziehung, verschlechtert aber häufig die Bereitschaft zur Arbeit an ihr, da das Glück vermeintlich schon da ist. In moderner Zeit geht ein gemeinsames Leben allzu rasch wieder verloren, wenn es an Anstrengungen dafür fehlt, es zu bewahren.

Ein Zufallsglück steht wohl am Anfang jeder Liebe. Aber kann es wirklich Zufall gewesen sein? War es nicht zwingende Notwendigkeit, schicksalhafte Fügung, weise Vorsehung einer unbekannten Macht? Gibt es überhaupt Zufälle? Die Liebenden wollen eine Antwort darauf finden und rufen den Glauben, die Wissenschaft oder die Astrologie zu Hilfe. Sie hoffen damit, die Zwangsläufigkeit der Begegnung sicherzustellen, der sie nicht entkommen konnten und die ihrer Beziehung Sinn verleiht: »Es gibt keine Zufälle!« Eine unentrinnbare Notwendigkeit verbürgt in den Augen vieler einen stärkeren Zusammenhang als der bloße Zufall. Im Grunde bleibt es jedoch geheimnisvoll, *warum* zwei zusammenkamen und warum gerade *sie*, ob es wirklich eine weise Vorsehung oder nur ein dummes Missverständnis war.

Haben zwei sich schließlich glücklich gefunden, kann ein zweites Glück in der Liebe fraglos das *Wohlfühlglück* sein: Die Liebenden können sich wohlfühlen miteinander, Freude aneinander haben, sehr viel Sinnlichkeit gemeinsam genießen, Verständnis und Geborgenheit beieinander finden. All dies vorsätzlich zu suchen, gehört zur Arbeit am Glück in der Liebe, denn anders als das Zufallsglück kann das Wohlfühlglück nicht nur provoziert, sondern auch *produziert* werden. Die Liebenden sollten lediglich in Erfahrung bringen und mit immer neuen Experimenten erkunden, wie und womit sie sich wechselseitig guttun können. Das kann ein köstliches Mahl sein, ein langes Gespräch, eine hingebungsvolle Zärtlichkeit, ein wundervoller Abend, eine leidenschaftliche Nacht und vieles mehr.

Gemeinsame Erlebnisse, gemeinsam bewältigte Herausforderungen, gemeinsam genossene Lüste sind schöne Zeiten, selige Erfahrungen, und es kommt darauf an, sich ihrer zu erfreuen, wo immer es nur möglich ist. Sich dessen bewusst zu sein, dass es sich um *Glücksmomente* handelt, seien sie flüchtig oder länger anhaltend, macht jeden einzelnen Moment kostbar. Dann aber kommt es darauf an, nicht böse zu sein darüber, dass diese Zeiten vergehen, bevor sie auf andere Weise wiederkehren. Nichts liegt näher als der Wunsch, die Liebe möge immer voller Lust und Wohlgefühl sein, aber das Leben kann ihn nicht erfüllen. Auch lustvolle Zeiten müssen *atmen* können und bedürfen hierfür der Pausen, um die Kräfte zu regenerieren, die bei anderen Gelegenheiten verschwendet werden.

Soll die Liebe von Dauer sein, ist ein drittes Glück hilfreich: Das *Glück der Fülle*. Gemeint ist die gesamte Fülle der Erfahrungen, positive wie negative. Auch für dieses Glück kann jeder und jede selbst etwas tun, es hängt allein von der *geistigen Haltung* ab, die er oder sie im Denken gewinnt und einübt, ausgehend von der Frage: Was ist charakteristisch für das Leben und die Liebe? Ist es nicht die *Polarität*, die Bewegung zwischen Gegensätzen, die sich in allem zeigt? Ist es mir möglich, sie grundsätzlich zu akzeptieren? Erscheinen mir das Leben und die Beziehung in aller Polarität dennoch bejahenswert?

Dann ist ein Glück möglich, das *atmen* kann, sodass ich nicht mehr verkrampft an schönen Zeiten festhalten muss, die nicht vergehen dürfen, sondern auch die anderen Zeiten des gemeinsamen Lebens hinnehmen kann: Die Momente »danach«, die Zeiten »dazwischen«, die »Auszeiten« des Alltags, die tristen Zeiten der schlechten Laune, auch der Enttäuschung, wenn klar wird, dass der Andere noch andere Seiten an sich hat als diejenigen, die gut fürs Wohlgefühl sind – ganz so wie ich selbst. Beide wünschen wir uns, der jeweils Andere möge großzügig darüber hinwegsehen.

Das dreifache Glück ist wichtig für die Liebe, am wichtigsten aber ist, dass sie eine starke Erfahrung von *Sinn* vermittelt, die die verschiedenen Arten von Glück in sich birgt. Sogar dann können Menschen Sinn in der Liebe finden, wenn sie in keiner Weise glücklich sind. Sinn ist dort, wo ein Zusammenhang ist, und für einen starken Zusammenhang sorgt die Liebe zwischen zweien: Sich mit unterschiedlichen Stärken wechselseitig zu beschützen und gemeinsam stärker zu sein als einer für sich allein. Da ist ein Mensch, den ich kenne, der mich etwas angeht und dem ich nicht egal bin, einer, mit dem ich Gedanken austauschen kann und für den ich etwas empfinde, wenngleich im Moment vielleicht nur Ärger.

Liebe ist nicht die einzige Methode, Sinn zu finden, aber eine sehr wirksame. Aufgrund der Zusammenhänge, die sie aufspüren und festigen kann, wird sie in der modernen Epoche der Suche nach Sinn, in der so viele Zusammenhänge zerbrechen, zur großen Sinnstifterin: *Der Sinn der Liebe ist die Schaffung von Sinn.* Viele sehen in ihr den einzigen Sinn des Lebens, allerdings mit der Gefahr, dass ihr Scheitern dann zu einer Sinnlosigkeit führt, die das Leben in Frage stellt.

Auf mehreren Ebenen können die Liebenden Sinn füreinander erschließen und miteinander erleben: Körperlich, seelisch, geistig und transzendent. In der Reihenfolge kommt keine Abwertung oder Hochschätzung einzelner Ebenen zum Ausdruck. *Je nach der Deutung*, von der die Liebenden sich leiten lassen, kann ihre Liebe einzelne oder mehrere Ebenen bespielen, abhängig von ihrer Antwort auf die Frage, was grundlegend sein soll: Die körperliche Begegnung, die seelische Empfindung, der geistige Austausch?

Um die Beziehung mit ebenso großer Stabilität wie Flexibilität auszustatten, erscheint es sinnvoll, sie auf mehr als einer Ebene zu begründen: Schwierigkeiten auf einer Ebene können dann durch den Wechsel auf eine andere aufgefangen werden. Die Liebe kann am besten *atmen*, wenn sie zwischen den verschiedenen Ebenen hin- und her wandern kann und einer dem Anderen auch mal auf dessen Ebene entgegenkommt, denn eine Schwierigkeit der Liebe liegt darin, dass die Bedürfnisse der Liebenden nicht immer auf derselben Ebene angesiedelt sind.

2.

Liebe machen: Rosarote Stunden
der erotischen Begegnung

Die körperliche Ebene der Liebe hat wesentlich mit *Sinnlichkeit* zu tun, mit den fünf bis sieben Sinnen, die für Sinn sorgen, indem sie die Zusammenhänge zwischen den Liebenden stärken. Alle Sinne können dabei aktiv werden, sogar zur selben Zeit, was sonst nicht so ohne Weiteres geschieht, schon gar nicht im modernen, von Techniken bestimmten Leben, das die Sinne eher verkümmern lässt.

Viele erotische Erfahrungen sind damit verbunden, den Anderen zu *sehen*, sich kaum sattsehen zu können an ihm (jedenfalls manchmal), seine Stimme zu *hören*, ihn zu *riechen* (ihn gut riechen zu können, hat wohl überhaupt erst zur Beziehung geführt), ihn beim Küssen zu *schmecken*, ihn zu *berühren*, sich beim Tanzen mit ihm zu *bewegen* (ein sechster Sinn), ihn mit dem *Bauchgefühl* in sich zu spüren (ein siebter Sinn). Und das funktioniert auch noch auf Distanz: Anregend und erregend kann es sein, ihn von ferne zu sehen, am Telefon zu hören, in einem zurückgelassenen Kleidungsstück zu riechen, in der Phantasie seinen Kuss zu schmecken, ihn in Tagträumen zu berühren, seine Bewegungen auch ohne körperliche Präsenz wahrzunehmen und ihn in sich zu spüren.

Liebe, das ist außer Gefühlen auch die Begegnung der Körper, die manchmal sogar allein dominieren kann, auch in einer ansonsten gefühlsbetonten Beziehung. Und ein wesentlicher Bestandteil der körperlichen Sinnlichkeit ist die Sexualität. Sie bürgt für *rosarote Stunden* in der Beziehung, in denen es darum geht, buchstäblich Liebe zu *machen*. Die Fähigkeit zur sexuellen Lust gehört zu den natürlichen Anlagen des Menschen, die jedoch einer kulturellen und individuellen Ausbildung bedürfen, wie beispielsweise die Anlage zur Intelligenz, um deren Ausbildung sich Schulen und viele Individuen selbst bemühen. Die Anlage zur sexuellen Lust kann jede und jeder selbst schulen, indem sie oder er Gebrauch davon macht und bereit ist, aus den Erfahrungen, die sich daraus ergeben, immer weiter zu lernen. Auch im Bett kommt die Kunst von Können, und dieses Können ist nicht von selbst schon da, sondern muss erst erworben werden, frei nach Karl Valentin: *Sex ist schön, macht aber viel Arbeit.*

Übung ist wichtig, *Übung, Übung, Übung,* und Wissen, insbesondere ein Wissen von den Unterschieden der Geschlechter in der Sexualität, um wechselseitig darauf eingehen zu können, anstatt sich Vorwürfe zu machen. Vieles an Mann und Frau ist beeinflusst von der jeweiligen *Kultur* und kann individuell bearbeitet werden, wenn der Aufwand an Zeit und Mühe dafür nicht gescheut wird. Schwieriger ist die Bearbeitung bei all dem, was womöglich *Natur* ist.

Neurobiologische Forschungen zeigen, dass schon im Mutterleib aufgrund genetischer Programmierung das entstehende männliche Gehirn mit dem Hormon Testosteron überschüttet wird. Das stärkt die Hirnstrukturen für *Sexualität und Aggressivität,* zu Lasten der *Kommunikationsfähigkeiten.* Im weiblichen Gehirn verhält es sich mangels Testosteron genau umgekehrt, und in beiden Fällen bestätigen

Ausnahmen die Regel. Die Gründe dafür dürften in der Evolutionsgeschichte liegen, vermutlich boten die unterschiedlichen Stärken, die kombiniert wurden, große Überlebensvorteile. Die Folge ist jedenfalls ein deutlich stärkerer Sexualtrieb beim männlichen Geschlecht, »und dieser Unterschied bleibt während des ganzen Lebens bestehen« (Louann Brizendine, *Das weibliche Gehirn*, 2006). Soll das eine Entschuldigung für männliche Bedürfnisse sein? Es kann ebenso als Entschuldigung für anders geartete weibliche Bedürfnisse gelten.

In der Sexualität prallen die Welten aufeinander: *Er* hat also wirklich nur das Eine im Kopf und will schnell zur Sache kommen, womöglich etwas aggressiv, während *sie* noch reden will, sehr kommunikativ. Nicht bei allen ist das so, bei einigen kann es sich anders verhalten, ebenso bei allem, was folgt, denn die Gegensätze setzen sich fort, wenn beide sich einig sind: *Er* strebt eher zügig dem Höhepunkt zu, *sie* will sich lieber Zeit lassen. Kommt es zum Höhepunkt, dann oft auf unterschiedlichen Wegen: *Er* erlebt ihn in ihr, also vaginal, *sie* aber vorzugsweise klitoral, jedenfalls bei der großen Mehrzahl der Frauen scheint das Umfragen zufolge so zu sein. *Er* könnte etwas dazu beitragen, wenn er etwas davon wüsste, aber auch *sie* weiß darüber nicht immer Bescheid, selbst im Zeitalter der sexuellen Aufklärung nicht. Und *danach* will er schlafen, denn sein Testosteron, das ihn angetrieben hat, ist aufgebraucht. Sie hingegen spürt nun eine Überdosis davon in sich, sie fühlt sich wach und will schon wieder – reden.

Da passt vieles nicht zusammen, was hat die Natur sich bloß dabei gedacht? Vermutlich war es ihr nur wichtig, dass die Organe zusammenpassen, um der Fortpflanzung willen. Für die Liebenden aber hängt einiges davon ab, auch den »Rest« passend zu machen: *Guter Sex macht schöne Menschen*, die Liebenden sollten sich da nicht zu knapp halten. Das ausgeschüttete Östrogen regt die Regenerationsfähigkeit der Zellen an, die Haut bleibt länger straff und elastisch. Das Gefühl der Bindung wird bestärkt von reichlich ausgeschütteten Hormonen wie Prolaktin und Oxytocin. Endorphine bauen Spannungen ab und hellen die Stimmung auf. Die Anfälligkeit für Herz- und Kreislauferkrankungen nimmt ab, der Level der Antikörper Immuno-globulin A wird angehoben, was den Schutz vor Infektionen verbessert und Wundheilungen unter-stützt. Selbst der allzu volle Kopf kann sich erholen und neue Inspiration gewinnen. Bleiben da noch Fragen offen?

Besser lebbar wird die Liebe jedoch bereits auf körperlicher Ebene als *atmende* Liebe, nämlich mit der Atmung zwischen Verausgabung und Enthalt-samkeit, zwischen *Ekstase und Askese*. Einerseits bedürfen die Liebenden der Fähigkeit, sich gehen-zulassen, andererseits der Fähigkeit, sich auch mal zurückzuhalten.

Manchen ist der bloße Gedanke an Askese schon ein Graus: Die Askese, glauben sie, sei absolut *lust-feindlich*, die Ekstase hingegen das wahre, pralle Leben voller Lust. Aber die Askese ist in Wahrheit *lustfreundlich*, aus mindestens zwei Gründen: Sie hilft demjenigen, der das größere Begehren ver-spürt, auf das Begehren des Anderen zu warten, bis bei beiden die Lust wieder aufflammt. Und sie hilft, die in der Ekstase verbrannten Kräfte rasch wieder zu regenerieren, um nicht so zu enden wie

der junge Sizilianer, der sich nach der Eheschlie-
ßung mit der Angebeteten darauf freute, endlich
freie Bahn zu haben, vollkommen legal und legi-
tim. Nach drei Tagen und Nächten musste er, wie
einem Zeitungsbericht zu entnehmen war, wegen
totaler physischer und psychischer Erschöpfung
ins Krankenhaus eingeliefert werden.

3.
Liebe fühlen: Rote Stunden
der starken Gefühle

Die seelische Ebene hat wesentlich mit *Gefühlen* zu tun, sei es zusätzlich zur Begegnung der Körper oder unabhängig von ihr. So wie es körperlich möglich ist, Liebe zu machen, so kommt es seelisch darauf an, Liebe zu *fühlen*. Gefühle sind die Sprache der Seele, das heimatliche Reich der Romantik, das weiterhin gehegt und gepflegt werden soll, wenn die Liebenden Wert darauf legen.

Aber was ist Seele? Vielleicht ein Wort für die enormen *Energien*, die die Grundlage des Lebens und der Liebe sind. Für dieses *Etwas*, das Menschen und alle Wesen in Bewegung bringt, sie leben und lieben lässt.

Um welche Energien handelt es sich? Um bekannte, wie etwa die Wärmeenergie, die bei einer Berührung fühlbar wird, und die elektrische Energie, deren Ströme Neurobiologen im Gehirn messen können. Beide Energieformen verlassen den Körper fühlbar und messbar beim Tod eines Menschen, sodass keinerlei Bewegung mehr möglich ist.

Vielleicht kommen für die Seele überdies »dunkle«, unbekannte Energien in Betracht, etwa so, wie Astrophysiker dies für den Kosmos annehmen, damit ihre Berechnungen stimmen. Und für alle Energien gilt wohl der berühmte, nach wie vor gültige Energieerhaltungssatz, den der Physiker Hermann von Helmholtz 1847 formulierte: Energie kann in verschiedene Formen umgewandelt, aber nicht vernichtet werden. Anders ausgedrückt: *Energie stirbt nicht.* Das Wesentliche am Menschen ist, so gesehen, tatsächlich unsterblich. Nichts Anderes haben alle Kulturen von alters her für die Seele behauptet, nur die moderne Kultur hat es zeitweilig vergessen.

Das Besondere an der Liebe ist, dass sie mit reichhaltigen Bewegungen der Energien im Seelenraum einhergeht. Wer sich das wünscht, ist mit einer Liebesbeziehung auf dem richtigen Weg. Mit Gefühlen der Zuwendung und Zuneigung können Menschen sich wechselseitig Energie zur Verfügung stellen und damit an einem weit größeren

Quantum als dem eigenen teilhaben. Bei frisch Verliebten hat der ungehemmte Energiefluss zur Folge, dass sie sich unendlich stark fühlen, »Bäume ausreißen« und »die ganze Welt umarmen« können. Keine Mühe erscheint ihnen zu groß, um auch unter schwierigsten Bedingungen für ihre Liebe zu leben. Schon Kinder tun sehr viel dafür, sich zusätzliche Energien bei Anderen zu holen, denn Menschen sind nun mal *energetisch bedürftige Wesen*, liebeshungrig in jeder nur denkbaren Form. In Beziehungen, in denen Energie fließt, können sie gesunden, in anderen aber, in denen die Energie blockiert wird, erkranken.

Gefühlsintensive Zeiten sind die *roten Stunden* der Beziehung. In diesen Zeiten stellt sich die Frage nach dem Sinn nicht mehr, ein Indiz dafür, wie sehr Sinn und Energie miteinander zu tun haben: Nur in Zusammenhängen fließt Energie und erzeugt Sinn. Das Problem ist jedoch, dass energiereiche Gefühle nie nur romantische sein können, immer sind da auch andere, die für unromantisch gehalten werden: *Liebe besteht nicht nur aus guten, sondern auch aus unguten Gefühlen*, aus schlechter Laune, Misstrauen, Neid, Eifersucht, Zorn, Schmerz, Traurigkeit, Bitterkeit, manchmal Hass oder Hassliebe, sogar in guten Beziehungen. Die Liebe *atmen* zu lassen heißt, die Gegensätze zu akzeptieren und ihnen phasenweise den Raum zu geben, den sie brauchen. Bei freudigen Gefühlen sich bewusst zu sein, dass in einer anderen Phase noch andere Gefühle möglich sind, und bei bitteren Gefühlen beizeiten wieder gegenzusteuern, damit nicht sie allein zu dominieren beginnen und die Beziehung ruinieren.

Was die Liebe schwierig macht, ist beispielsweise der *Ärger*, der immer wieder neu entsteht, beinahe jeden Tag, von innen und von außen, mit und ohne Grund. Jede und jeder würde ihn gerne los sein, möglichst ein für alle Mal. Dass das nicht gelingt, könnte daran liegen, dass ihm trotz allem *Sinn* zukommt, und sei es der, wieder für Spannung zu sorgen, wenn die Entspannung überhandnimmt. Eigentlich verstehen Liebende die Notwendigkeit des Ärgers unmittelbar: Was sich liebt, das neckt sich, bis der Ärger da ist. Dennoch gehen sie bald dazu über, sich wechselseitig einen Vorwurf daraus zu machen: Der Andere ist es, der die Harmonie und das Einvernehmen immer wieder vorsätzlich durchbricht, sodass die Zweiheit schmerzlich spürbar wird. Mit seiner Liebe kann es also nicht sonderlich weit her sein. Der Ärger unterbricht die Liebe, die besser lebbar wird, wenn sie ihn zu integrieren vermag und die Liebenden ihn sich wechselseitig zugestehen. Die Gratwanderung besteht darin, ihn geschehen zu lassen und dennoch nicht zu weit gehen zu lassen, damit aus Ärger nicht noch Hass wird.

Gefühle sind keine Frage der Wahl, sie sind einfach da oder nicht da. Aber die *Haltung* zu ihnen kann gewählt werden: Verausgabung oder Enthaltsamkeit, Ekstase oder Askese stehen auch beim Umgang mit Gefühlen zur Wahl, seien sie freudig oder ärgerlich. Mit Gesten und Verhaltensweisen können sie angereizt oder zurückgehalten werden. In vormoderner Zeit forderte eine soziale Norm, Gefühle zu unterdrücken, auch wenn dies der seelischen Gesundheit nicht immer förderlich war. In moderner Zeit verlangt eine andere Norm, sie selbst dann freizulassen, wenn dies ungute Verwicklungen zur Folge hat. Mit der bewusst gewählten Haltung wird es möglich, einerseits in Gefühlen zu baden, andererseits aber sie einzudämmen, um nicht in ihnen zu ertrinken – es sei denn, dass genau das zur eigenen Deutung der Liebe gehört.

Damit die Liebe auf seelischer Ebene atmen kann, bedarf es einer *Muschelkompetenz der Seele*. Sehr viel hängt davon ab, die Seele zur rechten Zeit öffnen oder verschließen zu können, je nach äußerer Situation und innerer Verfassung. Mit der Öffnung wird die Seele erreichbar, aber auch verletzbar; mit dem Verschließen schottet sie sich ab und schützt sich vor Verletzung. Es ist eine Frage der Übung, mithilfe von Gedankenkraft die »Seelenmuskeln« bewegen zu lernen und manchmal willentlich aus sich herauszugehen, dann wieder sich in sich zurückzuziehen. In einem lange währenden Prozess der Erfahrung und Besinnung entsteht erst ein Gespür dafür, was in welcher Situation angebracht ist, wann, wo und wie ein Mangel oder ein Übermaß an Offenheit oder Verschlossenheit wieder ausgeglichen werden sollte.

4.
Liebe denken: Blaue Stunden des Austauschs von Gedanken

Eine dritte Ebene der Liebe ist die geistige: Sie basiert wesentlich auf *Gedanken*, die nicht dasselbe wie Gefühle sind, wenngleich beide vermutlich von derselben Energie befeuert werden. Gefühle können nicht denken, sie können Gedanken lediglich einfärben und in ihnen mitschwingen. Mit Gedanken sind Menschen jedoch in der Lage, sich Gefühle bewusstzumachen und auch auf sie einzuwirken, sie aufzuwecken oder einzuschläfern: *Liebe besteht nicht nur aus Gefühlen, sondern auch aus Gedanken.* Insbesondere vom Austausch von Gedanken kann eine Beziehung ganz alleine getragen werden (»platonische Liebe«), beliebter ist jedoch die Vermengung mit anderen Ebenen.

Auf der geistigen Ebene ist es möglich, Liebe zu *denken* und sie zu *deuten*. Vor allem dann, wenn Ratlosigkeit, Enttäuschung und Verzweiflung überhandnehmen, kann diese Ebene zur *Meta-Ebene* der Liebe werden, die den drängenden Fragen Raum gibt: »Was geschieht mit uns? Wie ist es dazu gekommen? Wie kommen wir da wieder raus?«

Jede und jeder kann sich jederzeit selbst Gedanken machen, besonders wertvoll aber ist der Austausch von Gedanken im Gespräch. In *blauen Stunden* der Liebe kann das zum rituellen Element der Beziehung gemacht werden, inspiriert vom Zauber des abendlichen Himmels am Rande der Nacht, angeregt vielleicht vom Glas, das zu fortgeschrittener Stunde gemeinsam geleert wird. Wie jede Ebene der Liebe, so ist auch die geistige auf regelmäßige Übung angewiesen, um die Selbstverständlichkeit zu gewinnen, mit der sie jederzeit begehbar wird. *Wie oft?* Nicht täglich, das wäre langweilig. Aber auch nicht nur einmal im Jahr, etwa an Silvester als Jahresrückblick, es könnte der letzte gewesen sein.

Es müssen keine zielführenden Gespräche sein, keine Meetings wie am Arbeitsplatz. Es kann ein Plaudern über Gott und die Welt sein, also ein *Chatten* im ursprünglichen Sinne, um einander von Erfahrungen und Überlegungen zu erzählen, sozusagen im *Bluetooth-Modus*, mit Funkübertragung über kurze Distanz, aber analog, nicht digital. Entscheidend ist nicht, ob die Themen bedeutsam oder belanglos sind, entscheidend ist, zur Welt des jeweils Anderen auf Tuchfühlung zu bleiben, seine Erfahrungen mitzuerleben, seine Gefühle mitzufühlen, seine Gedanken mitzudenken, wenigstens einen Eindruck davon zu erhalten: »Was hast du erlebt? Was ist dir widerfahren? Was geht dir durch den Kopf? Was bewegt dich?«

Ohne diese Gespräche driften die Liebenden vom Zeitpunkt ihres Zusammengehens an auseinander, denn das ist die Eigendynamik der Liebe in moderner Zeit. Anders als in vormodernen Zeiten leben beide meist in unterschiedlichen Welten, die nicht viel miteinander zu tun haben. Einer arbeitet hier, der Andere woanders, und irgendwann haben sie sich nichts mehr zu sagen, ohne sich erklären zu können, wie es dazu gekommen ist.

In den blauen Stunden können die Liebenden sich und ihre Beziehung wieder auf aktuellen Stand bringen (*update*). Und gleichsam beiläufig heben sie die Beziehung, die vielleicht zu verflachen drohte, wieder auf eine andere Ebene (*upgrade*). Wenn ich dem Anderen von meinen Gefühlen und Gedanken, Sorgen und Nöten erzähle und seine Kommentare dazu höre, kann ich zudem mir selbst darüber klarer werden und alles besser einordnen. Im Wechselspiel unternehmen wir die *Deutungen*, die die Orientierung im Leben und in der Welt erleichtern, und stellen dabei Zusammenhänge, also *Sinn* her: »Was bedeutet das, was gegenwärtig geschieht, in deinem, meinem, unserem Leben, im Leben von Freunden und Bekannten, in der Nachbarschaft, im Dorf, in der Stadt, in der Gesellschaft und Weltgesellschaft?«

Honigwabe und Klagemauer können wir füreinander in den blauen Stunden sein: *Honigwabe*, denn honigsüß ist der Genuss der Präsenz und ungeteilten Aufmerksamkeit des jeweils Anderen. Unentwegt wird in moderner Zeit die Aufmerksamkeit von überall her beansprucht, mit der Folge, dass sie in tausend kleine Teile zerbricht und kein Mensch noch mehr als ein paar Minuten für etwas oder jemanden übrig hat. Wie schön ist es unter diesen Umständen, wenn zwei eine ganze Weile nur füreinander da sein können, um sich auf die Welt des Anderen einzulassen, sich in ihn einzufühlen und hineinzudenken! Auch Aufmerksamkeit ist eine Zuwendung von Energie, und unter modernen Bedingungen ist dies das schönste Geschenk, das gemacht werden kann: Dem Anderen Aufmerksamkeit zu schenken.

Klagemauer können wir füreinander in diesen Stunden sein, wenn wir wechselseitig damit einverstanden sind. Beklagt werden können jetzt endlich sämtliche Ärgernisse, zunächst die vom jeweils Anderen wissentlich oder unwissentlich verursachten. »Schau mir mal in die Augen«, bat meine Frau mich bei einer solchen Gelegenheit. Ich tat es, irgendetwas schien mit diesen Augen anders zu sein als sonst. »Toll«, meinte sie nachsichtig lächelnd, »seit zwei Wochen trage ich eine neue Brille!«

Der Ärger soll die blauen Stunden nicht dominieren, sonst werden sie nicht mehr zustande kommen. Aber er hat seinen Platz in diesem Rahmen, nirgendwo sonst kann er besser eingebettet sein. Und es geht nicht nur um den vom jeweils Anderen verursachten Ärger, sondern auch um den, der mit dem Anderen nichts zu tun hat und dennoch ausgiebig beklagt werden muss, um ihn wieder loszuwerden. Wo sonst könnte der Ärger über den Chef, die Kollegen, die Verhältnisse im Supermarkt abgeladen werden? Kaum ist der Ärger ausgesprochen, kann er sich auflösen. Das tut so gut, dass keiner darauf verzichten will, der das kennengelernt hat; ein Element seelisch-geistiger Gesundheit.

5.
Liebe sein: Purpurne Stunden
der völligen Selbstvergessenheit

In seltenen Momenten wird zwischen Menschen sogar eine Dimension »darüber hinaus« spürbar, etwa bei einem Gespräch, bei dem das Gefühl für Zeit verlorengeht. Jede und jeder hat das schon mal erlebt, sei es beim Gespräch mit dem geliebten Anderen oder mit dem besten Freund, der besten Freundin. Stunden können dabei vergehen, ohne noch wahrgenommen zu werden: »Was, schon so spät?« Auch eine innige körperliche Begegnung, meist verbunden mit intensiven Gefühlen, kann zu diesem Zustand führen. Auf dieser vierten Ebene besteht die Liebe darin, nur noch Liebe zu *sein*. Diese Erfahrung kann nicht »gemacht« werden, die Liebenden können sich aber dafür offenhalten und für günstige Gelegenheiten sorgen.

Es ist nicht klar, wie diese Ebene genau beschrieben werden kann. Da jedoch die gewöhnliche Wirklichkeit dabei überschritten wird (*transcendere* im Lateinischen), kann der ungewöhnlichen Erfahrung der Name der *Transzendenz* gegeben werden. Sie muss nichts mit Religion im engeren Sinne zu tun haben, verweist jedoch darauf, von welcher Art eine religiöse und spirituelle Erfahrung sein kann, die nicht von Dogmen verstellt ist. In völliger Selbstvergessenheit lösen sich dabei die Ichs auf, ohne dass es dafür eines bestimmten Glaubens bedarf.

In diesen *purpurnen Stunden* der Beziehung, von denen Oscar Wilde in einem Brief einmal sprach, steht die Zeit nicht etwa nur still, sie existiert schlicht nicht mehr. An ihre Stelle tritt die Erfahrung grenzenloser, schwereloser Leichtigkeit, ein göttliches Gefühl von Unsterblichkeit, eine starke Sinnerfahrung. Es ist unerheblich, ob die Erfahrung nur eine »Einbildung« ist, erheblich ist nur, welche Auswirkung sie auf die Liebenden und ihr Verhältnis zueinander hat: Sich unendlich miteinander verbunden zu fühlen. Dieser Ewigkeitsmoment, dieses Unsterblichkeitsgefühl ist wohl das *Mysterium der Liebe*, nach dem viele suchen. Bei der Suche nach einer neuen Liebe ist die Sehnsucht danach immer im Spiel.

Ein realer Grund für die surreale Erfahrung könnte sein, dass in diesen Zeiten in besonderem Maße die Energie erfahrbar wird, die mutmaßlich allem zugrunde liegt, aus der alles kommt und zu der alles zurückkehrt. Sollte Polarität auch in dieser Hinsicht wirksam sein, muss es zur Dimension der *Endlichkeit* und Wirklichkeit diesen Gegenpol geben: Eine *unendliche* Dimension, die von Energie und somit von Möglichkeiten erfüllt ist.

Einzelne Möglichkeiten können in Gestalt von Wesen und Dingen Wirklichkeit gewinnen, wenngleich immer nur für begrenzte Zeit. In ihrer eigenen Wirklichkeit fühlen die Liebenden sich in solchen Momenten mit der Energie im Bunde, die ihnen »kosmisch« oder »göttlich« erscheint. Sie nehmen wahr, wie sie in allem wirkt und alles mit allem verbindet. Alles ist durchzogen von energetischen Zusammenhängen, daher kann für die Liebenden alles voller *Sinn* sein, ihre eigenen Ichs ebenso wie ihre Beziehungen zu Anderen, zu allem Leben, zu aller Welt und zu einer möglichen Dimension darüber hinaus, die den denkbar umfassendsten Zusammenhang repräsentiert. Die Vielzahl möglicher Zusammenhänge wahrzunehmen, ist eine zutiefst erfüllende Erfahrung.

In den Anfangszeiten der Liebe stellen sich transzendente Erfahrungen von selbst ein, ebenso bei der wiederkehrenden Verliebtheit in einer Beziehung, die fortdauert. Nirgendwo steht geschrieben, dass die Liebe mit der Zeit verfällt, nicht wenige machen die Erfahrung, dass sie im Laufe der Zeit vielmehr schöner wird. Das hängt ab vom Maß der Herausforderungen und Schwierigkeiten, die überstanden und von Schönem übertrumpft werden. In der reiferen Liebe wird eine *heitere Gelassenheit* möglich, ein stilles Glück, das nicht vieler Worte bedarf. Gelassenheit geht aus dem Lassen hervor: Vieles geschehen lassen zu können, statt darüber bestimmen zu wollen; vieles Anderen zu überlassen und sich von ihnen prägen zu lassen. Heiterkeit ist nicht einfach nur Fröhlichkeit, sondern ein Gefühl der Verbundenheit mit dem gesamten Leben, ein Gefühl, in dem die Transzendenz ständig präsent ist.

Im *Humor* kommt dies am besten zum Ausdruck: Kann es eine Beziehung ohne Humor, eine humorlose Liebe überhaupt geben? Im Humor blitzt eine Freude am Leben auf, die nicht darauf beruht, dessen Gegensätze zu ignorieren. Je heiterer der Humor, desto größer vielmehr die Gegensätze, die er zu überbrücken hat. Humor ist human, humorvollen Menschen liegt es nahe, sich selbst und Anderen, dem Leben und der Welt nicht unentwegt die Gegensätze und Widersprüche vorzuwerfen, die allgegenwärtig sind. Auf dem Humus des Humors gedeiht Nachsicht, von diesem weiten Grund aus wird der distanzierte Blick möglich, der das Gemeinsame bei aller Gegensätzlichkeit wieder sieht.

Die Kräfte, die die Liebenden aus transzendenten Erfahrungen aller Art schöpfen können, helfen ihnen bei der Bewältigung des Problems, das für jede Liebe die größte Schwierigkeit darstellt: Das Leben im Alltag.

6.
Liebe im Alltag: Graue, lindgrüne und andere Stunden

Im Alltag wittert der wahre Romantiker einen Verrat an der Liebe, auch ich selbst sah das lange so. Der Alltag ist nicht von intensiven Gefühlen geprägt, eher von Ewigkeitsmomenten der anderen Art: Ewige Wiederkehr des Immergleichen, Tag für Tag. Immer wieder aufstehen, sich waschen, frühstücken, Kinder versorgen, zur Arbeit gehen, Besorgungen machen, nach Hause kommen, einräumen, ausräumen, kochen, essen, saubermachen, fernsehen, etwas trinken, zu Bett gehen. Wer sich die Liebe romantisch vorgestellt hat, findet das nicht attraktiv. Aber die Liebe entscheidet sich im Alltag, in diesem Hamsterrad, das nicht sehr aufregend ist, von Romanen, Filmen, Dramen daher selten so ausführlich gewürdigt, wie es der Wirklichkeit entspräche; auch das prägt die Deutungen der Liebe. Aber niemand würde ja einen Film sehen wollen mit dem Titel: »24 Stunden in 90 Minuten, in 3D«. Wozu Eintrittsgeld dafür bezahlen? Diese Sensation hat jeder auch zuhause.

Der Alltag holt die schönste Leidenschaft ein, sobald sie zu dauern beginnt, denn das Leben kann nicht immer nur leidenschaftlich sein. Gerade eben suchten die Liebenden noch danach, so bald wie möglich zusammenleben zu können, um sich immer nahe zu sein. Jetzt aber prallen ihre Eigenarten und Gewohnheiten unvermittelt aufeinander. Eine räumliche und zeitliche Entflechtung ihrer Sphären könnte ihnen größere Spielräume gewähren, aber es fällt ihnen schwer, vom Glauben an die immerwährende Innigkeit abzulassen.

Überlegungen zum *Sinn* des Alltags können helfen, eine andere Haltung zu ihm zu gewinnen. Sinnvoll erscheint der feste *Rahmen*, den er bereitstellt und der das gemeinsame Leben auch dann zusammenhält, wenn eine zeitweilige Entzweiung durchzustehen ist, jeder seine eigenen Wege geht und die Liebe als Gefühl vielleicht für eine Weile pausiert. Gefühle können nicht ständig da sein, der Alltag ermöglicht die *Atmung* zwischen ihrer An- und Abwesenheit, wenn sich die Liebenden voneinander erholen müssen und ihnen die Arbeit oder die Kinder jetzt wichtiger sind. Wie lange dauert eine solche Pause? Stunden (»liebst du mich noch?«), Tage oder Wochen. Die Mühe wächst beträchtlich, wenn es Monate werden, aber manchmal sind es auch Jahre. Jahrzehnte sollten es nicht werden.

Die Liebe wird lebbarer, wenn es in ihr nicht immer nur um Liebe geht, sondern auch um die alltäglichen Erfordernisse, vor denen es kein Entrinnen gibt. Entgegen dem äußeren Eindruck von der lästigen ewigen Wiederkehr des Alltäglichen ist eines gewiss: Alltag wird es nicht für immer geben. Es wäre schade, das zu spät zu bemerken. Gegen ihn anzukämpfen ist ohnehin vergeblich, warum ihn also nicht willkommen heißen? Ist er nicht sogar schön in seiner Schlichtheit und Verlässlichkeit? Sich mit ihm zu befreunden statt ihn abzulehnen, erleichtert den Umgang mit den wiederkehrenden Dingen und Tätigkeiten. Gerade dann, wenn ihnen pragmatisch die nötige Beachtung geschenkt wird, entsteht zwischendurch wieder der romantische Freiraum für etwas Anderes, das beiden gut gefällt.

Im Alltag spielen *Gewohnheiten* eine große Rolle, die eigenen und die gemeinsamen. Viele sehen in ihnen den Tod der Liebe, aber ein Leben ganz ohne Gewohnheiten kann es kaum geben. Menschen wohnen in ihnen, genießen die Vertrautheit und Geborgenheit, die sie vermitteln, sodass auch diese Deutung für das Leben zu zweit möglich ist: *Liebe besteht nicht nur aus Gefühlen, sondern auch aus gemeinsamen Gewohnheiten.* Als ich vor einigen Jahren in Italien, wo sonst, einen ersten Vortrag über die Liebe hielt, begegnete ich auf der Weiterreise im Zug einer jungen Frau und kam mit ihr ins Gespräch. Ich erzählte ihr vom Vortrag und von dieser These, und da meinte sie, nun könne sie besser verstehen, was ihr in der Beziehung gefehlt habe, die gerade hinter ihr lag: »Wir hatten keine Gewohnheiten.«

Gemeinsame Zeiten zu finden, fällt leichter mithilfe von Gewohnheiten und Ritualen, die einst von Religion, Tradition und Konvention vorgegeben wurden: Essenszeiten beispielsweise legte der Glockenschlag fest. Moderne Paare und Familien haben sich davon befreit und wollen von solchen

Zwängen oft nichts mehr wissen: Jeder holt sich selbst etwas aus dem Kühlschrank, wenn er Lust dazu hat. Jeder lebt in seiner eigenen Zeit, strukturiert von Arbeitszeiten und seiner persönlichen Einteilung der Freizeit. Aber ein Zusammenleben braucht Zeit für gemeinsame Mahlzeiten, Unternehmungen, Plauderstunden, auch für Streitzeiten, für die ansonsten nur der Urlaub und hohe Feiertage übrig bleiben.

Um gemeinsame Zeiten zu finden, in denen die Liebenden füreinander da sein können, wird das *Zusammenfügen der Zeiten*, die Synchronisierung im Wortsinne, zur ständigen Aufgabe. Selbstverständlich ist die Zeit bei jedem immer zu knapp, aber es ist möglich, bei etlichen Tätigkeiten mit Viertelstunden zu geizen, um Zeit zu gewinnen. Hilfreich ist ebenso die Nutzung *goldener Stunden*, in denen Arbeiten besonders leicht von der Hand gehen. Jede und jeder kann sie mit ein wenig Aufmerksamkeit auf sich selbst in Erfahrung bringen, um die gewonnene Zeit dann beim Zusammensein, bei all dem, was das gemeinsame Schöne ist, zu verschleudern, etwa beim Ausgehen miteinander, bei der Entführung des Anderen (dessen Einverständnis vorausgesetzt) an einen Überraschungsort und bei vielen gemeinsam genossenen *bunten Stunden*.

Zweifellos dominieren quantitativ die *grauen Stunden* den Alltag, die eher farblosen Zeiten, die bei den vielen unspektakulären Verrichtungen einfach dahinschwinden, ohne so recht bemerkt zu werden. Aber kräftige Kontraste im Gemälde der Zeiten setzen, wenn die Liebenden das wollen, die bereits erwähnten *rosaroten Stunden* der erotischen Begegnung, die *roten Stunden* der starken Gefühle, die *blauen Stunden* der intensiven Gespräche, die *purpurnen Stunden* der völligen Selbstvergessenheit. Zu ergänzen wären sie durch möglichst viele *lindgrüne Stunden* der einfachen Zufriedenheit, denn es ist nicht schlimm, auch mal nur zufrieden zu sein: Es mag schrecklich bieder sein, aber es ist ganz sicher nicht für ewig.

Mit dieser bunten Farbpalette gelingt es am ehesten, die hoffentlich seltenen *gelben Stunden* der Eifersucht besser zu überstehen, die in der Liebe unumgänglich zu sein scheinen, mit und ohne Grund.

Und die hoffentlich ebenso seltenen *schwarzen Stunden* aller Art zu bewältigen, die die Farbenlehre der Liebe und des Lebens erst komplettieren.

7.

Standardfragen: Geldfrage, Sockenfrage, Sexfrage

Geradezu standardmäßig stellen sich im Alltag drei, vier Fragen; die Liebenden tun gut daran, auf sie gefasst zu sein. Es sind teils recht banale Fragen und es kann strittig sein, ob es Aufgabe eines Philosophen sein soll, sie zur Sprache zu bringen: Sollte er sich nicht besser mit den wesentlichen Dingen des Lebens befassen? Aber das Wesentliche steckt oft im Banalen, die Abgründe des Alltags tun sich darin auf. Wer nicht darauf achtet, stürzt kopfüber hinein.

Da ist zunächst die *Geldfrage*, die sich schon vordrängt, wenn es noch gar keinen gemeinsamen Haushalt gibt, erst recht, wenn er gegründet wird: Wer sorgt in welchem Maße für die materiellen Mittel und wie werden sie aufgeteilt? Meist sind weitere Fragen damit verknüpft: Wer kümmert sich um welche Arbeiten? Wer füllt den Kühlschrank? Wer macht das Essen? Wer deckt den

Tisch? Wer wäscht das Geschirr ab? Wer wäscht, wer bügelt, wer räumt ein? Wer macht die Betten, wer die Steuererklärung? Keine Aufteilung steht von vornherein fest, alles muss individuell ausgehandelt werden, aber nach welchen Regeln?

Alles eine Frage der Verabredung, aber keiner drängt sich vor, jeder sieht sich selbst im Übermaß belastet. Um voranzukommen, könnte jeder das übernehmen, was er gerne macht, und sich in Anderes einarbeiten, und sei es nur dem Anderen zuliebe, der nicht alleingelassen werden soll. Eine provisorische Festlegung wenigstens für die nächsten drei Monate wäre hilfreich, um nicht jeden Tag von Neuem Verhandlungen führen und Auseinandersetzungen durchstehen zu müssen. Letztlich geht es nicht wirklich um die Aufteilung der Arbeiten und Finanzen selbst, sondern um die Wertschätzung der eigenen Leistung durch den Anderen, damit nicht das Gefühl entsteht, von ihm nur »ausgenutzt« zu werden.

Zum zentralen Problem werden Kleinigkeiten, die im Alltag eine große Rolle spielen: Die *Sockenfrage* stellt sich, wobei Socken stellvertretend für andere Dinge wie Seifenstücke, Zahnpasta-Reste, Schuhe, Bücher, alte Zeitungen und Zeitschriften stehen können. Ihnen allen ist gemeinsam, dass sie sich nicht an dem Platz befinden, an den sie hingehören. Jedenfalls sieht das einer so und findet es ärgerlich, während der Andere findet, diesen unbedeutenden Dingen werde eine viel zu große Bedeutung zugemessen, und das sei das eigentliche Ärgernis, das die Beziehung noch gefährden könne.

Zur Entspannung trägt bei, wenn jeder in einem eigenen Raum seine eigene Auffassung von Ordnung verwirklichen kann. Bleibt dennoch das Problem gemeinsamer Räume, etwa des Badezimmers. Von Bedeutung könnte die Überlegung sein, dass die Socken sich irgendwann bis zur Deckenlampe türmen würden, und dann? Und von noch größerer Bedeutung könnte die Einsicht sein, dass sich die erotische Wirkung herumliegender Dinge, zumal mit Duftnote, um die sich irgendwann ja doch einer kümmern muss, sehr in Grenzen hält.

Auf verschwiegene Weise sind Geld- und Sockenfrage mit einer dritten verknüpft, auf die die Antwort in vielen Beziehungen im Laufe der Zeit immer weniger befriedigend ausfällt: Die *Sexfrage*. Wann und wo können die beiden sich noch intim begegnen? In den Zeiten der Verliebtheit ist die Antwort darauf denkbar einfach: Immer und überall. Danach gilt immer mehr: Nicht immer und schon gar nicht überall. Abend für Abend wird das Thema mit der bekannten Verkürzung erschöpfend abgehandelt: »Na?« »Ich bin müde.« »Immer bist du müde.« Eine Abwärtsspirale kommt in Gang: Weil es keinen Sex gibt, entsteht schlechte Stimmung, und weil schlechte Stimmung entsteht, gibt es keinen Sex mehr.

Gewohnheiten und Rituale könnten auch hier hilfreich sein, aber die zentrale Frage ist stets aufs Neue: *Wie oft?* Zumindest diese Frage scheint nicht neu zu sein, schon in der Antike wurde sie gestellt, und eine medizinische Autorität wie Hippokrates soll darauf geantwortet haben: Zweimal pro Woche ist gesund für Mann und Frau. Das geriet offenbar wieder in Vergessenheit, bis viele Jahrhunderte später eine religiöse Autorität, Martin Luther, mit einem einprägsamen Reim die gleiche Auskunft gab:

»In der Woche zwier/schadet weder ihm noch ihr.«
Die Aussage, so oder so ähnlich, ist in seinem Werk
übrigens nicht aufzufinden und hat sich dennoch
weit herumgesprochen.

Aber Autorität kommt in moderner Zeit ohnehin
eher Meinungsforschungsinstituten zu, die Tau-
sende von Paaren in Deutschland nach der Häufig-
keit befragten. Als Mittelwert ergab sich: »Achtmal
Sex im Monat.« Also wieder zweimal pro Woche.
Ist das normal? Das Spektrum der Normalität ist
in moderner Zeit denkbar weit offen: Zweimal am
Tag, pro Monat, pro Jahr, oder nie. Gewiss ist nur,
dass beide sich auf irgendetwas einigen sollten, damit derjenige, dem am meisten daran liegt, auf die
alte Frage Immanuel Kants endlich eine Antwort
finden kann: »Was darf ich hoffen?«

8.
Macht darf keine Rolle spielen.
Wirklich?

Unterhalb der drei Grundfragen des alltäglichen Umgangs miteinander schwelt allzu oft eine vierte: Die *Machtfrage*. Bei vielen romantisch Liebenden herrscht die Überzeugung vor, in ihrer Beziehung habe Macht nichts zu suchen. Zugleich gilt ihnen die Liebe selbst jedoch als große Macht, der sie nicht widerstehen können, also können Liebe und Macht einander nicht fremd sein. *Macht* ist die Möglichkeit zur Einflussnahme auf etwas oder jemanden, gerne auch »Wirksamkeit« genannt, das klingt weniger verdächtig. Aber spätestens dann, wenn die Phase der Verliebtheit abklingt und Interessen, Wünsche und Bedürfnisse nicht mehr von selbst übereinstimmen, ist jeder mit der Frage konfrontiert, wie der Andere wirksam zur »Einsicht« gebracht werden kann. So kommt die Liebe als Machtmittel ins Spiel.

Einfluss kann genommen werden mit *Liebesgaben*,

mit Methoden der Verführung, die eigentlich sehr wirksam sind, sich aber offenbar nicht so leicht bewerkstelligen lassen, denn sie erfordern einigen Aufwand an Kraft, Zeit, Kreativität und Geübtheit. Viele Liebende bevorzugen daher den *Liebesentzug*, den Weg der Erpressung, der leichter fällt, denn er wurde schon von Kindesbeinen an eingeübt. Experte der Erpressung ist jeder, auf den diversen Stufen, die jeder Liebende gut kennt: Die Folterwerkzeuge nur mal anzudeuten, etwa die zeitweilige Abwendung der Aufmerksamkeit und das Anzetteln von Ärger, dann die allmähliche Steigerung, das Anziehen der Daumenschrauben, bis es wehtut, wie einst bei der Inquisition im Mittelalter. Ist das hässlich? Dann empfiehlt sich ein dritter Weg.

Eine dritte Möglichkeit eröffnet die *atmende* Liebe, die die Macht zwischen beiden hin- und hergehen lässt und so für eine *Wechselseitigkeit der Machtausübung* Sorge trägt: »Dieses Mal gebe ich nach, aber bist du so freundlich, das beim nächsten Mal zu tun?« »Heute sollst du Recht haben, aber ich würde mich freuen, morgen auch mal Recht zu bekommen.« Mit dieser *Balance der Abfolge*, bei der mal der Eine, mal der Andere »das Sagen hat«, lässt sich die Macht ausbalancieren. Wenn sich das einspielt, muss auch nicht mehr auf die Abfolge geachtet werden: Das Vertrauen wächst, dass einer dem Anderen irgendwann in vergleichbarer Weise entgegenkommen wird, auch wenn das eine Weile auf sich warten lässt.

Selbst *schräge Machtverhältnisse* sind möglich, wenn beide damit einverstanden sind: Beziehungen der Liebe sind nicht zu symmetrischen Verhältnissen verpflichtet. Das Machtspiel zwischen zweien kann die Form krasser Asymmetrie annehmen, geduldet oder gewollt, und auch das kann Liebe sein: Dem Anderen alle Macht anzuvertrauen, sich ihm zu überlassen, ja, sich geradezu von ihm besitzen zu lassen. Manche interessieren sich nun mal nicht für die Rolle des Bestimmers und sind gerne damit einverstanden, dass der Andere alle Entscheidungen trifft, allein über das Geld verfügt, gemeinsame Interessen definiert und nach außen vertritt. Gerade weil mir dies die Mühsal eigener Entscheidungen erspart, kann die Unterwerfung beglückend sein. Wenn sie aber demütigend und ausweglos wird?

Dann tue ich gut daran, mir mit einem hoffentlich verbliebenen Rest an Selbstmächtigkeit den möglichen Rückzug offenzuhalten.

Wie auch immer die Verhältnisse sind: Der gelegentliche Streit ist unumgänglich. Soll die Beziehung nicht darüber zerbrechen, bedarf es einer *Streitkultur*, um die beide sich bemühen. Sie beruht darauf, gegensätzliche Interessen und Meinungen für gewöhnliche Bestandteile der Beziehung zu halten. So wird es leichter, nicht nur den eigenen Standpunkt zu vertreten, sondern grundsätzlich auch den des Anderen anzuerkennen. Und nicht um jeden Preis siegen zu wollen, sondern nach Lösungen zu suchen, die für beide annehmbar sind.

Wohin im Urlaub? Einer legt Wert auf städtisches Leben, der Andere auf Landluft. Vielleicht in der Nähe einer Stadt? Oder dieses Mal so, das nächste Mal anders? Oft werden Sachfragen wie diese, ebenso alle Geld-, Socken- und Sexfragen zur Beziehungsfrage. Die Beziehung wird gerne in Sachen verhandelt, und was könnte Sachen spannender machen, wenn nicht die Beziehung, die wieder mal einen Anlass zur Klärung braucht: »Wo stehst du, wo stehe ich, was unterscheidet uns, was verbindet uns, wenn überhaupt noch etwas?«

Der Streit ist weniger problematisch, wenn jede und jeder für sich selbst die *Grundfrage* klar beantwortet: Kann ich den Anderen und die Beziehung zu ihm von Grund auf bejahen, andere Seiten mit eingerechnet, auch wenn es momentan vielleicht nicht Liebe im vollen Sinne ist? Ich selbst stelle mir diese Frage, wenn es heftigen Krach gibt, und sage meist heimlich, still und leise vor mich hin: »Ich mag dich trotzdem!« Würde ich es schaffen, das laut und vernehmlich kundzutun, erhielte mein Gegenüber Gelegenheit zu einer eigenen Erklärung, vielleicht in der Art, wie sie in Bayern geläufig ist: »Du bist mir auch nicht völlig zuwider!«

Habe ich Grund zur Vermutung, dass der Andere mir grundsätzlich wohlgesinnt ist, muss ich nicht gleich das Schlimmste befürchten. Und solange ihm noch etwas an mir sowie mir an ihm schön und bejahenswert erscheint, ist Wertschätzung möglich und auf dieser Basis jegliches Entgegenkommen in Sachfragen. Beide können wir rechtzeitig die Situation neu bewerten und den Dauerstreit vermeiden, der zersetzend wirkt.

Wenn aber Verletzungen geschehen sind und Leid zugefügt worden ist, kann die *Goldene Regel* weiterhelfen: Behandle den Anderen so, wie du erwarten würdest, von ihm behandelt zu werden, wenn die Rollen vertauscht wären. Denn morgen schon kann es tatsächlich so sein. Heute kann ich die Verantwortung für das übernehmen, was geschehen ist, sofern es sich in irgendeiner Weise auf mich zurückführen lässt, unabhängig davon, ob ich eine eigene »Schuld« erkennen kann. Ich kann mich um Wiedergutmachung bemühen, nicht nur für einen Moment, sondern so lange, bis die Ernsthaftigkeit des Bemühens unter Beweis gestellt ist.

Dann wächst am ehesten die Bereitschaft des Anderen, mir zu verzeihen – sofern ihm das, was geschehen ist, auch nur annähernd verzeihlich erscheint. Sollte ich selbst derjenige sein, dem der Andere etwas angetan hat, liegt es mir vielleicht nahe, auf Rache zu sinnen, aber eine Befriedung der Verhältnisse wird eher von Nachsicht bewirkt. Die fällt leichter, wenn der Andere tätige Reue zeigt

und mir klar wird, wie sehr ich selbst seiner Nachsicht für meine Schwächen und Verfehlungen bedarf. Zuweilen geht es dabei um Fragen der Treue.

9.
Treue in der Liebe.
Wie ist sie möglich?

Auch wenn es wünschenswert wäre: Einen allgemein gültigen Begriff von Treue gibt es nicht. Gemeint ist meist die körperliche, *sexuelle Treue*, die ausdrückliche oder stille Vereinbarung zwischen zweien zum dauerhaften »wechselseitigen Besitz ihrer Geschlechtseigenschaften«, wie Kant dies einmal so trefflich formulierte. Bedeutsam ist ebenso die *seelische Treue*, die Ausschließlichkeit der Gefühle, die zwei füreinander empfinden, erst recht aber die geistige Treue, die *Lebenstreue* als Entschlossenheit zusammenzubleiben, was auch immer geschehen mag.

Jede Kultur kennt eigene Vorstellungen von Treue und von tolerierbaren Ausnahmen, mit ausgeprägten Unterschieden zwischen den Kulturen rund um die Welt, auch zwischen den meist strengeren ländlichen und freizügigeren städtischen Kulturen. Lange Zeit in der Geschichte spielten geschlechtliche Unterschiede eine bemerkenswerte Rolle: Frauen wurde eine Treue abverlangt, deren losere Deutung bei Männern augenzwinkernd akzeptiert wurde.

Mehr noch als die kulturellen können die *individuellen* Vorstellungen von Treue auseinandergehen. Über diese Vorstellungen sollten die Liebenden miteinander sprechen, um wechselseitig ihre Erwartungen zu kennen: Wem ist welche Treue wichtig? Soll es gemeinsame Regeln geben? Was soll geschehen, wenn sie verletzt werden? Nur die Beteiligten selbst können Grundsätze formulieren, nur sie selbst können sie auch einhalten. Einvernehmen ist dabei nicht immer zu erzielen, aber ein Grundsatz der *Fairness* wäre, sich an die Treue, die vom Anderen erwartet wird, auch selbst zu halten. Und dem Anderen die gleichen Freiheiten zuzugestehen, die von einem selbst in Anspruch genommen werden.

Die Treue zum Anderen wird am ehesten möglich, wenn sie von der *Treue zum eigenen Ich* getragen wird. Dazu sollte jede und jeder sich selbst einige Fragen beantworten: Welche Werte erscheinen mir für mich und mein Leben unverzichtbar? Wie kann ich ihnen treu bleiben? Ist Freiheit im Zweifelsfall der höhere Wert für mich, oder ist es die Bindung? Sollte die Freiheit wichtiger sein, geht dies möglicherweise zu Lasten der Beziehung: Wie wichtig ist mir diese Beziehung? Was bin ich bereit aufzugeben, wenn es zum Konflikt zwischen der Beziehung und *meinen* Vorstellungen von Freiheit kommt? Was bin ich bereit, dem Anderen zuzugestehen, wenn es zum Konflikt zwischen der Beziehung und *seinen* Vorstellungen von Freiheit kommt? Derjenige, der mit sich selbst im Reinen ist, kann dem Anderen gegenüber auch eher Nachsicht üben. Und muss bei anderer Gelegenheit auf dessen Nachsicht hoffen.

Die Vorstellungen von Treue haben einen Einfluss darauf, ob und wie heftig *Eifersucht* entsteht. Gänzlich frei von ihr scheint kaum eine Beziehung zu sein, und ein Grund dafür könnte wiederum der *Sinn* sein, der auch diesem Phänomen zukommt: Die Eifersucht schlägt frühzeitig Alarm, wenn eine lebenswichtige Beziehung bedroht erscheint. Das gilt nicht nur für die Liebe im engeren

Sinne, sondern auch für die freundschaftliche, elterliche, geschwisterliche und sonstige Lieben. Wer eifersüchtig ist, ist süchtig danach, geliebt zu werden. Er ängstigt sich, diese Liebe zu verlieren, die er nicht entbehren kann, da sie eine existenzielle Energiequelle für ihn darstellt. Das könnte die auffällig tiefe Verankerung des Gefühls erklären, das sich im Laufe der Geschichte als Überlebensvorteil erwiesen haben muss, sonst hätte die Eifersucht die Evolution nicht überlebt. Ihr Grundmuster ist so zuverlässig abrufbar, dass es auch grundlos aktiviert werden kann.

Ist die Eifersucht *unbegründet*, kommt es darauf an, sie in einem Maß zu halten, das der Beziehung nicht schadet. Therapien sind dabei behilflich und stärken das eigene Ich, denn Eifersucht entzündet sich nicht nur an der wirklichen oder möglichen Untreue des Anderen, sondern auch am Verhältnis zum eigenen Ich, das sich seiner selbst nicht gewiss ist. Der Eifersüchtige braucht den Anderen, um die eigene Ungewissheit zu überspielen: Wie schaffe ich es, die Liebe von ihm zu bekommen, die mir Gewissheit gibt? Habe ich nicht sogar ein *Recht* auf seine Liebe? Das kann der Anlass für Eifersuchts-szenen sein, die den Anderen zu immer neuen Be-kundungen seiner Liebe veranlassen sollen.

Ist die Eifersucht *begründet*, bleibt nur der Kampf um die Liebe, die sich zwar nicht erzwingen, aber vielleicht neu anregen lässt. Das schlug einst Seneca vor: »Wenn Du geliebt werden willst, liebe.« Alle wollen *geliebt werden*, es ist angenehm und be-quem. Aber nicht alle wollen selbst *lieben*, es ist anstrengend, aufwändig und anfällig für Vergeb-lichkeit, denn gerade der, der bedingungslos liebt, läuft Gefahr, nicht in gleicher Weise geliebt werden zu können. Zu lieben macht erforderlich, das eige-ne Ich zurückzustellen und sich stattdessen zu fra-gen: Was braucht der Andere, was denkt und fühlt er, was fehlt ihm, was kann ich ihm geben?

So wird es möglich, auf das einzugehen, was er sich schon lange sehnlich wünscht, und ihm das Schö-ne zu offerieren, das seine Liebe neu zu stimulieren vermag. Beginnt er dann seinerseits zu lieben, wird das eigene Ich wiederum geliebt. Vielleicht können Menschen überhaupt nur aus diesem unverkenn-bar narzisstischen Grund lieben: Weil es die unabdingbare Voraussetzung dafür ist, geliebt zu werden.

Wenn aber das Geliebtwerden durch den Anderen anhaltend entbehrt werden muss, bricht im Ich die Lücke auf, in die die Versuchung zur Untreue eindringen kann. Dass der Andere mir etwas vorenthält, das mir elementar wichtig ist, empfinde ich als *Unrecht*. Körperlich, seelisch oder geistig nicht ausreichend geliebt zu werden, nennen viele als Grund für ihre Suche nach Sex, Gefühlen, geistigem Austausch und Verständnis bei einem anderen Anderen.

Damit es gar nicht erst dazu kommen muss, können zwei sich bewusst wechselseitig *Rechte* einräumen, denn wer Rechte hat, muss keinen Mangel leiden und sich nicht als Bittsteller fühlen. Dazu kann das Recht auf Nähe gehören, um vielleicht nicht zu jeder Zeit, aber so häufig wie möglich ansprechbar zu sein. Jede und jeder kann dem Anderen Privilegien gewähren und den Zugang zu sich leicht machen, auf jeder Ebene, mit körperlicher Nähe, mit der Empfänglichkeit für Gefühle, mit der Bereitschaft zu Gesprächen.

Beide empfinden das als schön, denn auf diese Weise wird es erfahrbar, geliebt zu werden. Jeder Entzug von Rechten und Privilegien lässt im Gegenzug freilich den Schluss zu: Es gibt kein Geliebtwerden mehr. Bleibt jedes Entgegenkommen von der Seite des Anderen aus, wird alles unternommen, um das vermeintliche Recht doch noch einzufordern, etwa mit einer Verweigerung all dessen, was der Andere sich wünscht. Äußerstenfalls mit der Drohung, die Beziehung zu beenden.

10.
Liebe soll nicht enden.
Und wenn doch?

Dass die Liebe enden kann, lässt sich nicht ausschließen: Nichts leichter, als sich zu trennen, jedenfalls in moderner Zeit, niemand sollte sich da zu sicher fühlen. *Fairness* wäre dann, die Beziehung gemeinsam aufzulösen, damit keiner sich verlassen fühlen muss. Dennoch kommt der, der die Beziehung nicht beenden wollte, nicht umhin, die Phasen des Entliebens zu durchlaufen, ein *Verlieben rückwärts*. Es ähnelt den Phasen der Konfrontation mit dem Tod, Entlieben ist wie ein Sterben: Das Unabänderliche nicht wahrhaben zu wollen, das plötzlich ins Leben hereinbricht. Im Chaos der Gefühle zwischen Wut, Enttäuschung und wieder aufflammender Liebe nicht mehr ein noch aus zu wissen. Die Beziehung um jeden Preis retten zu wollen und von der Entschlossenheit zum Kampf beseelt zu sein. Die letzte Hoffnung schwinden zu sehen und die letzte Verzweiflung durchstehen zu müssen. Danach erst wird es möglich, sich neu zu finden und ein neues Leben mit sich und Anderen zu beginnen.

Grundlegend dafür ist, die Verbindung zum tragenden *Kontinuum der Energie* wieder zu gewinnen. Der Zugang zur Gesamtheit der Energie, aus der heraus alles lebt und sich bewegt, ist nicht an eine bestimmte Beziehung gebunden. Trotz aller Endlichkeit in der Begegnung mit einem anderen Menschen endet die Energie nicht, die mit der Liebe zu ihm identifiziert worden ist. Sie ist auch unabhängig vom Anderen erfahrbar, unzerstörbar wie das Leben selbst. Die Energie der einzelnen Liebe, des einzelnen Lebens löst sich nicht in nichts auf, vielmehr strömt sie zum Gesamtpotenzial der Energie zurück, aus dem eine andere Liebe, ein anderes Leben hervorgehen kann. Das Gefühl, vom größeren Ganzen abgeschnitten zu sein, ist schmerzlich, aber es geht vorbei. Mit jedem Ende beginnt etwas Anderes, auch mit dem Ende einer Liebe. Auch auf diese Weise *atmet* die Liebe.

Immer geht es dabei um die Atmung zwischen *Möglichsein und Wirklichsein*. Es sind diese unterschiedlichen Arten des Seins (griechisch *on*), die die *Ontologie der Liebe* ausmachen, sowohl bei der Einzelliebe zwischen zweien als auch bei allen sonstigen Lieben. Die ontologische Deutung der Liebe kann behilflich sein, mit dem Widerstreit von Möglichkeiten und Wirklichkeit besser leben zu können. Möglich ist grundsätzlich alles, wirklich aber immer nur Weniges und nur für begrenzte Zeit.

Es ist eine Eigenheit der romantischen Liebe, von unendlichen Möglichkeiten zu träumen und alle endliche Wirklichkeit hinter sich lassen zu wollen. Umso mehr ist sie jedoch mit der Endlichkeit konfrontiert, in deren Rahmen nicht alles, was möglich ist, wirklich werden kann, schon gar nicht in der begrenzten Zeit, die zur Verfügung steht. Solange eine Liebe im Bereich des Möglichen ist, hat sie nicht mit dem Alltag und nicht mit Vergänglichkeit zu kämpfen. Wenn sie aber wirklich wird, ist sie den Misslichkeiten der Alltäglichkeit und Endlichkeit ausgesetzt.

Jede Verwirklichung schöner Möglichkeiten geht mit unschönen Verlusten einher. Männer wünschen sich Frauen, Frauen Männer mit allen möglichen Eigenschaften und wünschenswerten Konturen, die in Träumen und Phantasien ideale Gestalt gewinnen. Aber die reale Begegnung führt vor Augen, dass der Andere, wie ich selbst, eine bestimmte Wirklichkeit verkörpert, mit den üblichen Einbußen und Begrenztheiten.

Die Liebe *atmen* zu lassen heißt, nicht endlos nur in Möglichkeiten zu schwelgen, sondern endlich auch mal Wirklichkeit zu wagen und sich auf sie einzulassen. In der bedrückenden Enge der Wirklichkeit, die unvermeidlich darauf folgt, dann jedoch wieder Möglichkeiten aufzutun, möglichst zuallererst in der bestehenden Beziehung selbst, um mit neuen Unternehmungen und Erfahrungen andere Facetten des Anderen und des eigenen Selbst zu erkunden.

Und was kann Menschen dauerhafter aneinander binden, falls sie das noch wollen? Einst wurde die Bindung zwischen zweien von *äußeren Kräften* der Religion, der Tradition und der Konvention gewährleistet, nicht selten mithilfe fragwürdiger Mittel der Nötigung, sodass es keinen Anlass gibt, sich diese Zeiten zurückzuwünschen. Aber diese Kräfte sind in der modernen Kultur nicht mehr wirksam. Nach der Befreiung von äußeren Zwängen bleiben nur noch die *inneren Kräfte* der Individuen selbst übrig, insbesondere die Kräfte eines *großen Wohlwollens* füreinander. Soll ich auf einen Nenner bringen, was ich in den vielen Jahren des Nachdenkens über die Liebe gelernt habe, dann dies eine: Dass sie unter modernen Bedingungen auf ein großes Wohlwollen angewiesen ist, das zwei sich wechselseitig entgegenbringen, sonst geht gar nichts mehr.

Woher kommt dieses Wohlwollen? Aus einer Entscheidung, die jede und jeder für sich selbst trifft: *Liebe besteht nicht nur aus Gefühlen, Liebe ist auch eine Entscheidung.* Diese Entscheidung nicht unentwegt anders zu treffen, ist die Voraussetzung dafür, dass überhaupt noch etwas wirklich werden kann. Unverzichtbar ist dabei der bewusste Verzicht auf Möglichkeiten, um nicht immerzu nur an verpassten Chancen zu leiden, die suggerieren, dass alles andere als das, was wirklich ist, besser, interessanter und spannender wäre. Niemand kann mir diese Entscheidung abnehmen, nur ich selbst kann sie treffen, mit einer Freiheit, die hier zu einer Freiheit zweiten Grades wird, zu einem *freien Verzicht auf Freiheit*. Anders wird in der Zeit der großen Freiheitsansprüche eine länger währende Bindung, die sich doch so viele erhoffen, kaum noch möglich sein.

Die Liebe ist schwierig geworden, aber wenn zwei sich willentlich mit den Schwierigkeiten befassen, lassen sie sich in überschaubarer Zeit bewältigen. Dann kann eine neue *Leichtigkeit des Liebens* entstehen, die der anstrengenden Bewusstheit nicht mehr bedarf. Für die gesamte Gesellschaft wird der Prozess etwas länger dauern, aber irgendwann sind alle »durch«.

Woher die Zuversicht? Menschen können sehr viel lernen, insbesondere dann, wenn die Schmerzen größer werden, die unvermeidlich mit zerbrechenden Beziehungen einhergehen. Und andere, größere Probleme als die der Liebe können sich vordrängen und deren Schwierigkeiten für einige Zeit vergessen machen, bevor sie auf veränderte Weise wieder zum Vorschein kommen. Die Geschichte ist in Bewegung und die Liebe mit ihr. Immer wieder wird sie dabei neu und anders gedeutet, auch das ist die Idee der *atmenden Liebe*. Die Philosophie kann den Prozess denkend begleiten, aber es bleibt eine Angelegenheit der Liebenden selbst, die Möglichkeiten dieser sonderbaren Existenzweise zu erkunden und zu erproben und damit der Geschichte der Liebe immer wieder neue Impulse zu geben.

Anhang

Lieben lernen
*Was zum Programm einer Schule der Liebe
gehören könnte*

Gäbe es die Möglichkeit, das Lieben ähnlich wie andere Fertigkeiten zu erlernen, fiele es wohl leichter, Liebe zu finden und zu bewahren. An praktischen Übungen und Erfahrungen würde selbstverständlich weiterhin kein Weg vorbeiführen, aber einige Grundkenntnisse wären hilfreich, um besser zu verstehen, was da eigentlich geschieht. Eine Schule könnte sie vermitteln, aber es müsste sich nicht um eine Schule im herkömmlichen Sinne handeln, eher um eine individuelle Bereitschaft zur Muße, *schole* im ursprünglichen griechischen Sinne. Es ist Aufgabe der Philosophie, solche Gelegenheiten zum Innehalten und Nachdenken zu bieten, im Vertrauen darauf, dass Dinge sich im Denken klären und dann im praktischen Leben auch ändern lassen. Aber nur der Einzelne selbst kann die Gelegenheiten wahrnehmen und sie für sich selbst schaffen. Seinen Lernstoff kann er oder sie selbst zusammenstellen aus Büchern, Internet-Informationen, Seminaren und Bildungsangeboten aller Schulen, Hochschulen, Volkshochschulen und Weiterbildungsakademien, die Module dazu anbieten. Folgende »Fächer« sollten zum Programm einer Schule der Liebe gehören.

1. Lebenskenntnisse. Was ist grundlegend fürs Leben? *Polarität* scheint ein durchgängiges Merkmal zu sein: Gegensätze zwischen Menschen, gegensätzliche Haltungen und Meinungen, gegensätzliche Gefühle, sodass in einer Beziehung nicht nur Freude, sondern auch Ärger zu erfahren ist, nicht nur Lüste zu genießen, sondern auch Schmerzen durchzustehen sind. Menschen werden von der Frage nach Glück und der Suche nach Sinn bewegt und sind doch nicht gefeit gegen Unglücklichsein und das Gefühl der Sinnlosigkeit. Lebenssinn finden sie darin, so zu leben, dass es ihnen schön und bejahenswert erscheint, ohne aber hässliche und verneinenswerte Episoden ganz ausschließen zu können. Gegensätze brechen auf zwischen erträumten Möglichkeiten und der vorherrschenden Wirklichkeit. Jede Wirklichkeit ist mit Endlichkeit konfrontiert, die ihrerseits von einer möglichen Unendlichkeit überwölbt wird.

2. *Selbstkenntnisse.* Sie sind eine Voraussetzung für das Leben mit sich selbst, aber auch für die Beziehungen zu Anderen, insbesondere für »die Beziehung«, die die Liebe im engeren Sinne ist. Dazu ist es nötig, Aufmerksamkeit auf sich zu richten und sich selbst immer besser kennenzulernen, Auseinandersetzungen mit sich zu führen und sich klarer zu werden über die wichtigsten eigenen Beziehungen, Erfahrungen, Träume, Werte, Gewohnheiten, Verletztheiten, Schönheiten. Das mag ein wenig Narzissmus mit sich bringen, aber wer sich selbst mag, kann auch Andere mögen. Wer sich innerlich reich fühlt, kann auch Anderen davon abgeben. Mit sich gut umgehen zu können, tut dem

Umgang mit Anderen gut. Wer seiner selbst gewiss ist, muss nicht mehr ständig um sich und seine Anliegen fürchten, sondern kann auch Andere anerkennen und ihnen die Aufmerksamkeit entgegenbringen, die umgekehrt von ihnen für das eigene Ich erhofft wird.

3. Sprachkenntnisse. Um sich in einer Beziehung mit dem Anderen austauschen und auch streiten zu können, kommt es darauf an, die Sprachen der Liebe zu kennen: Verbale und nonverbale Kommunikation, körperlich mit Gestik, Mimik, Düften und der Art der Kleidung, seelisch mit Gefühlen, ihrer Äußerung und Zurückhaltung, geistig mit Gedanken und Argumenten. Vor allem auf die geistige Ebene der Kommunikation ist die Liebe angewiesen, wenn sie mehr sein soll als eine Affäre, denn auf der Meta-Ebene der Besinnung und des Nachdenkens über sich und das gemeinsame Leben sind Probleme der Beziehung am ehesten aufzufangen. Hilfreich sind zudem Kenntnisse der unterschiedlichen Sprachen von Männern und Frauen, die mit denselben Worten nicht immer dasselbe meinen, sehr direkt oder lieber indirekt Dinge ansprechen und dabei wechselseitig auf Unverständnis stoßen.

4. Deutungsfähigkeit. Vieles im Leben und in der Liebe ist eine Frage der Deutung: Was verstehe ich, was versteht der Andere unter Liebe, was ist für ihn und für mich Freiheit, was Bindung, was Urlaub, was Freizeit, was bedeutet ihm und mir Ordnung, wer braucht wie viel davon? Jede und jeder geht davon aus, dass die eigene Auffassung die einzig richtige ist, Erwartungen ergeben sich daraus, die der Andere nicht erfüllen kann. Unbewusst wird eine subjektive Bedeutung in Dinge hineingelegt, um sie dann angeblich objektiv aus ihnen herauszulesen. Der Andere selbst wird womöglich auf eine Weise gedeutet, die er oder sie für sich nicht nachvollziehen kann. Wichtig wäre, die eigenen Deutungen und die des Anderen zu kennen, um darauf eingehen zu können und sie gegebenenfalls zu verändern. Zur Einübung in den Umgang mit Deutungen dient beispielsweise die Lektüre von Texten und die Diskussion darüber, um zu sehen, wie Deutungen entstehen und wie unterschiedlich sie ausfallen können.

5. Kunst und Ausdruck. Kreativität steigert den Einfallsreichtum in der Liebe und ist nützlich, um bei aller Pragmatik die Romantik nicht aus den Augen zu verlieren. Alle Künste eignen sich dafür, kreativ zu werden, die selbst ausgeübten wie die von Anderen aufgenommenen. Musik, Tanz, Literatur, Film, Malerei, Plastik bieten viele Möglichkeiten, die eigene Phantasie zu entwickeln und Ausdruck für die eigenen Gefühle und Gedanken zu finden, sich auch inspirieren zu lassen davon, wie vielfältig das Phänomen der Liebe zu allen Zeiten in den verschiedensten Künsten dargestellt worden ist. In Theatervorführungen und mit eigenen Schauspielversuchen kann erforscht werden, was es heißt, unterschiedliche Rollen zu spielen, verborgene Talente und Möglichkeiten sind dabei zu entdecken. Mit einer eigenen Inszenierung wäre wertvolles Knowhow darüber zu gewinnen, wie eine ausgewählte Möglichkeit mit einiger Anstrengung Schritt für Schritt zur Wirklichkeit werden kann.

6. Sport und Gymnastik. Wenn ernst genommen wird, dass außer Gefühlen und Gedanken auch die Körper zu den Stoffen der Liebe gehören, fällt es leichter, der körperlichen Sorge angemessene Aufmerksamkeit zu widmen. Um den vollen sinnlichen Genuss der Liebe auszureizen, bedürfen die Körper keines Kults, aber einer Kultivierung: Sport und Gymnastik, Yoga, Tantra und Tanz kräftigen die Glieder und halten den Beckenboden elastisch. Kraft und Gelenkigkeit erweitern die körperlichen, speziell die sexuellen Möglichkeiten, aber die körperliche Sorge jedes Einzelnen ist vor allem dazu angetan, dem Anderen zu zeigen, für ihn da sein zu wollen. Ungut wirkt es sich hingegen auf die Beziehung aus, sich gehen zu lassen. Im Körperlichen ist zudem beispielhaft zu erlernen, was regelmäßige Übung bewirken kann, übertragbar auch auf Übungen im Umgang mit Gefühlen und Gedanken.

7. Hauswirtschaft. Da der Alltag Herausforderungen bereithält, auf die die Liebenden oft nicht gut vorbereitet sind und die doch nicht zu umgehen sind, bedarf es einer eigenen Ausbildung hierfür. Die Schule der Liebe lässt die gute alte Hauswirtschaftslehre wieder aufleben und widmet ihr ein eigenes Fach, das dabei hilft, die banalen und trivialen Dinge des Alltags besser zu bewältigen. Beide Geschlechter könnten sich wenigstens ansatzweise mit den erforderlichen Kompetenzen ausstatten, um die anfallenden Aufgaben gerechter aufteilen zu können: Auf welche Inhaltsstoffe bei Lebensmitteln sollte ich achten? Wie bestücke ich die Geschirrspülmaschine, wie setze ich sie in Gang? Was heißt »linksherum« bei Bettbezügen und Kleidungsstücken? Wie fülle ich Formulare von Behörden aus?

8. *Kulturwissenschaft.* Vieles in der Liebe und im Verhältnis der Geschlechter ist im Laufe langer Zeiten durch menschliche, nicht selten männliche Intervention entstanden. Wie diese Entwicklung verlief, kann die Kulturgeschichte vor Augen führen. Durch Kulturvergleiche sind Kenntnisse der Auffassungen von Liebe in den verschiedensten Kulturen zu erwerben, in denen Liebe anders ge-

deutet wird und anders zustande kommt: Manche überlassen die Anfänge nach wie vor der Erfahrung und Umsicht der Eltern, die Gefühle »kommen dann schon«. Andere vertrauen eher auf elektronische Liebesformeln in Partnerbörsen; nach der automatischen Abklärung der Interessen kommt es dann beim Kennenlernen auf die Gefühle an, die »plötzlich da sind«. Und unterschiedliche kulturelle Rollenverständnisse von Mann und Frau zu kennen, ist in einer Zeit, in der die Zahl transnationaler Beziehungen stetig zunimmt, von besonderem Interesse, denn sie können Missverständnisse zwischen den Liebenden zur Folge haben, die nicht nur individuell begründet sind.

9. *Naturwissenschaft.* Nicht alles in der Liebe ist Kultur, einiges bleibt bis auf Weiteres Natur, wenngleich das Wissen hierüber auf den jeweils aktuellen wissenschaftlichen Stand begrenzt ist und nicht mit einer endgültig festgestellten Wahrheit verwechselt werden sollte. Die Biologie kann zeigen, wie die Geschlechter, die Individuen und ihre Eigenheiten aus Genetik und Epigenetik hervor-

gehen. Die Evolutionsbiologie erforscht, wie sich das allmählich im Laufe langer Zeiten entwickelt hat. Die Neurobiologie versucht, die komplizierten Wege des Denkens und Fühlens in Neuronen und Synapsen nachzuvollziehen. Die Chemie analysiert Hormone und Endorphine, die in der Liebe wirksam sind. Die Physik kennt einige Energien, die dabei im Spiel sind, wenngleich so mancher Physiker die Übertragung des Wissens hierüber auf menschliche Verhältnisse für problematisch hält. Dass die Welten der Physik und des Menschen nichts miteinander zu tun haben, ist jedoch kaum anzunehmen.

10. Weitere Lieben. Den Blick über die »einzige Liebe« hinaus zu erweitern, verringert die Gefahr, das Leben allzu sehr auf sie zu verengen. Auch andere Lieben sind fürs Leben wichtig und sollten nicht vernachlässigt werden. Mit dem Beginn einer Beziehung erwarten manche voneinander, ihrer Deutung von Liebe entsprechend, Freundschaften hintanzustellen und nur noch gemeinsame Freunde zu haben. Damit aber schwinden die Rückzugsmöglichkeiten, und wenn es dann doch mal darauf ankommt, »das Weite zu suchen«? Schon aus diesem Grund sollten Freunde nicht vernachlässigt werden, und es bedarf einiger Kenntnisse über diese Art der Beziehung, ebenso über andere Lieben und ihre Besonderheiten, über familiäre Beziehungen zwischen Eltern und Kindern, Großeltern und Enkeln sowie zwischen Geschwistern, auch im Hinblick auf eine mögliche eigene Familiengründung. Weitere Lieben sind die zur Natur und insbesondere zu Tieren, zu materiellen und ideellen Dingen, zur Heimat sowie zum Leben, zur Welt überhaupt, womöglich zu einer Dimension der Transzendenz, zum Kosmos, zu Gott. Nur die Vielzahl der möglichen Lieben gewährleistet, dass niemand jemals ohne Liebe bleiben muss.

Zum Autor

Wilhelm Schmid, geboren 1953 in Billenhausen (Bayerisch-Schwaben), lebt als freier Philosoph in Berlin. Er studierte Philosophie und Geschichte in Berlin, Paris und Tübingen und lehrt Philosophie als außerplanmäßiger Professor an der Universität Erfurt. Viele Jahre war er tätig als Gastdozent in Riga/Lettland und Tiflis/Georgien sowie als »philosophischer Seelsorger« an einem Krankenhaus in der Nähe von Zürich/Schweiz.

Homepage: www.lebenskunstphilosophie.de

Buchpublikationen:

Die Liebe neu erfinden. Von der Lebenskunst im Umgang mit Anderen, 2010, Suhrkamp Verlag.

Ökologische Lebenskunst. Was jeder Einzelne für das Leben auf dem Planeten tun kann, 2008, Suhrkamp Taschenbuch 4034.

Glück. Alles, was Sie darüber wissen müssen, und warum es nicht das Wichtigste im Leben ist, 2007, Insel Verlag.

Die Fülle des Lebens. 100 Fragmente des Glücks, 2006, Insel Taschenbuch 3199.

Die Kunst der Balance. 100 Facetten der Lebenskunst, 2005, Insel Taschenbuch 3120.

Mit sich selbst befreundet sein. Von der Lebenskunst im Umgang mit sich selbst, 2004, Suhrkamp Taschenbuch 3882.

Schönes Leben? Einführung in die Lebenskunst, 2000, Suhrkamp Taschenbuch 3664.

Philosophie der Lebenskunst – Eine Grundlegung, 1998, Suhrkamp Taschenbuch Wissenschaft 1385.

Was geht uns Deutschland an? Ein Essay, 1993, Edition Suhrkamp 1882.

Auf der Suche nach einer neuen Lebenskunst, 1991, Suhrkamp Taschenbuch Wissenschaft 1487.

Die Geburt der Philosophie im Garten der Lüste, 1987, Suhrkamp Taschenbuch 3215.